DIMITRI JELEZKY

MODEDESIGN
FIGURINEN FÜR MODEZEICHNUNGEN
TEIL 1
FRAUEN FIGURINEN

Jelezky Publishing, Hamburg 2014

Jelezky Publishing UG, Hamburg
www.jelezky-publishing.com

1. Auflage
Deutsche Erstausgabe, August 2014
© 2014 der deutschsprachigen Ausgabe
Jelezky Publishing UG, Hamburg
Dimitri Eletski (Herausgeber)

Bildernachweis
Sämtliche Illustrationen in diesem Buch stammen von Dimitri Jelezky

Layout, Cover-Gestaltung ©dimitridesign.org

Weitere Informationen zu den Inhalten:

www.dimitridesign.org
info@dimitridesign.org

© 2011 Dimitri Jelezky,
© 2014 Jelezky Publishing UG
Die Verwertung der Texte und Bilder, auch auszugsweise, ist ohne Zustimmung des Verlags urheberrechtswidrig und strafbar. Dies gilt auch für Vervielfältigungen, Übersetzungen, Mikroverfilmung und für die Verarbeitung mit elektronischen Systemen.

ISBN 978-3-943110-88-3

Inhaltsverzeichnis

VORWORT	6
PROPORTIONSREGELN	7
KONSTRUKTION / HILFSLINIEN	9
FIGURINEN	11
GESICHTER	69
HÄNDE	75
FÜSSE	79

VORWORT

Ein Mode-Designer/ Mode-Designerin ist in erster Linie „Generator von Ideen". Die einfachste Form seine Ideen anderen Menschen verständlich zu machen geschieht mit Hilfe einer Modezeichnung auf Papier. Je schneller und besser Sie Ihre Ideen auf Papier darstellen können, desto effektvoller und überzeugender wirken Ihre Modeentwürfe. Eine schöne, stilvolle Modezeichnung hinterlässt immer einen guten Eindruck beim Betrachter.

Dieses Buch ist ein unentbehrliches Nachschlagwerk für Designer, Illustratoren, Künstler, Studierende an Designschulen und Menschen die sich mit Modedesign beschäftigen. Das Buch enthält Vorlagen für Modezeichnungen ca. 120 Frauen Figurinen Vorlagen. In diesem Buch finden Sie auch inspirierende Vorlagen für Frisur, Gesichtsdarstellung sowie Darstellung der Hände und Füße. Dieses Buch wird Ihnen helfen selbstständig zu lernen qualitative, lockere und trendige Modezeichnungen erstellen zu können.

PROPORTIONSREGELN

8 ½ Proportionen

Bei Figurine für Modezeichnungen verwenden wir die klassischen Vorgaben 8 ½ Kopflänge. Die klassische 8 ½ Kopf Figurenproportion eignet sich wunderbar für stilisierte Modeskizzen. Sie können natürlich weitere stilistische Richtungen in Modezeichnen verwenden z.B. 9 ½ Kopflänge , 10 ½ Kopflänge (vor allem für Kleider), 11 ½ Kopflänge usw. Dabei beachten Sie „ ½ „ bedeutet wenn eine Figurine Schuhe mit einem hohen Absatz trägt. Wenn Sie z.B. Schuhe mit niedrigem Absatz zeichnen z.b. Balerinas dann verwenden Sie 8,9,10,11 Kopflänge Figurenproportionen. Alle Maßangaben hängen vom Stil der Modezeichnung ab.

Der menschliche Körper ist gespiegelt, die rechte Seite ist mit der linken Seite identisch. Die Perspektive und das Volumen des Körpers ändert unsere Wahrnehmung der menschlichen Gestalt.

Die Gleichgewichtslinie oder Lotlinie ist wichtig um das Gleichgewicht der Figurine aufzubauen.

Das Standbein hält die ganze Figurine von visueller Wahrnehmung. Deshalb empfehle ich ihre Modezeichnungen mit einfachen Konstruktionslinien aufzubauen. Das wird Ihnen helfen weitere Figurenposen durch Ihre Visualisierung schnell und effektiv aufbauen zu können.

Eine gehende Figur erzeugt einen Effekt der Dynamik. Dabei entsteht der Eindruck des „Catwalk" Effektes, als ob die Figurine auf dem Laufsteg läuft. Das wirkt sehr trendig bei Darstellung ihrer Entwürfe.

Beim Zeichnen der Kleidung achten Sie auf das Volumen des Stoffes, auf Falten, auf das Material. Falten können gespannt sein (abhängig vom Material und Figurhaltung). Die Falten können aber auch sehr fließend sein z.b. Plisse Falten bei Kleider usw. Die Regel ist: Beobachten und analysieren.

Mit einfacher Geometrie zu arbeiten ist ein sicherer Weg. Den Körper in verschiedene zylindrische Formen aufzuteilen kann Ihnen viel helfen beim Zeichnen der Modefigurine.

PROPORTIONSREGELN

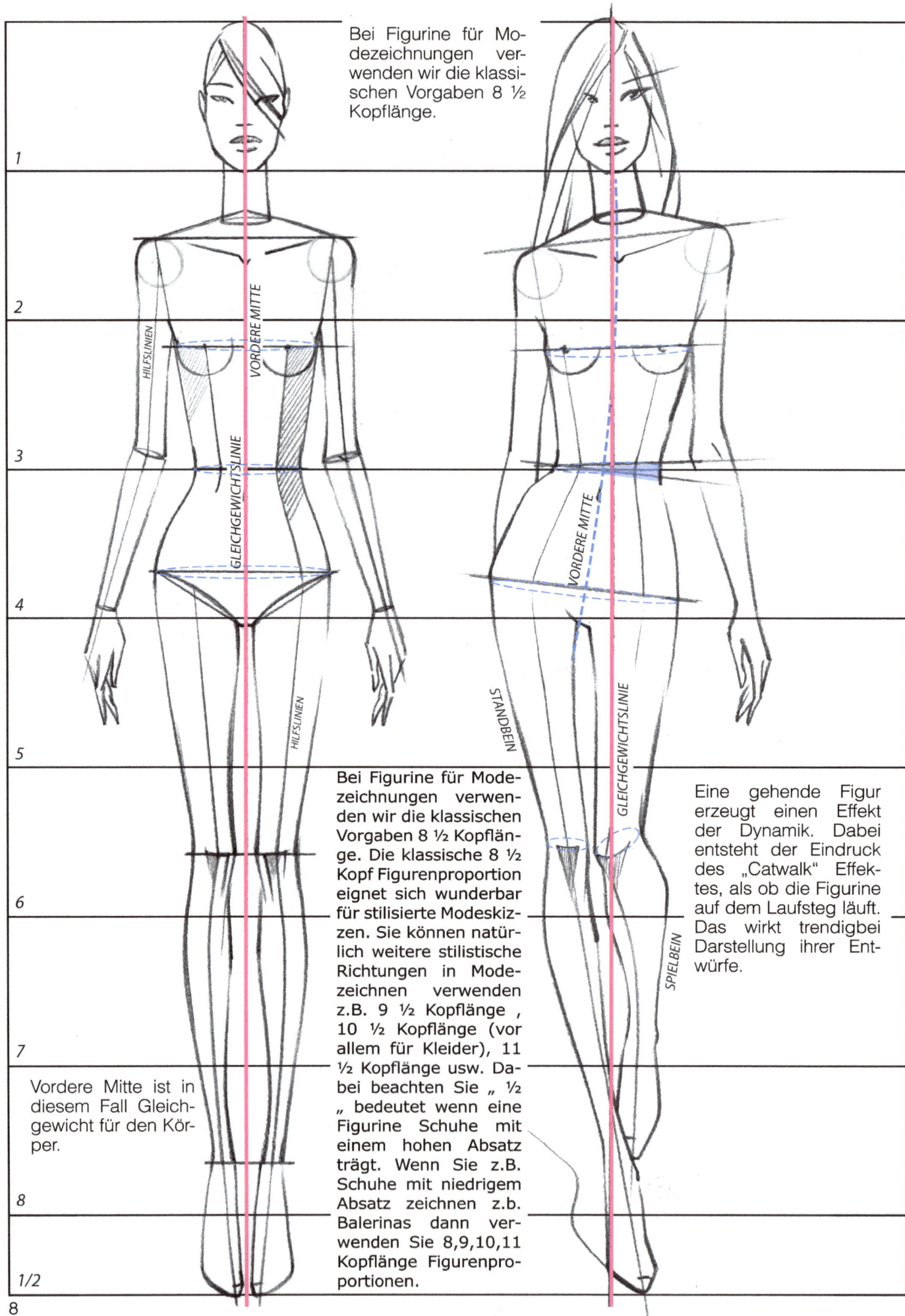

Bei Figurine für Modezeichnungen verwenden wir die klassischen Vorgaben 8 ½ Kopflänge.

Bei Figurine für Modezeichnungen verwenden wir die klassischen Vorgaben 8 ½ Kopflänge. Die klassische 8 ½ Kopf Figurenproportion eignet sich wunderbar für stilisierte Modeskizzen. Sie können natürlich weitere stilistische Richtungen in Modezeichnen verwenden z.B. 9 ½ Kopflänge , 10 ½ Kopflänge (vor allem für Kleider), 11 ½ Kopflänge usw. Dabei beachten Sie „ ½ " bedeutet wenn eine Figurine Schuhe mit einem hohen Absatz trägt. Wenn Sie z.B. Schuhe mit niedrigem Absatz zeichnen z.b. Balerinas dann verwenden Sie 8,9,10,11 Kopflänge Figurenproportionen.

Vordere Mitte ist in diesem Fall Gleichgewicht für den Körper.

Eine gehende Figur erzeugt einen Effekt der Dynamik. Dabei entsteht der Eindruck des „Catwalk" Effektes, als ob die Figurine auf dem Laufsteg läuft. Das wirkt trendig bei Darstellung ihrer Entwürfe.

KONSTRUKTION / HILFSLINIEN

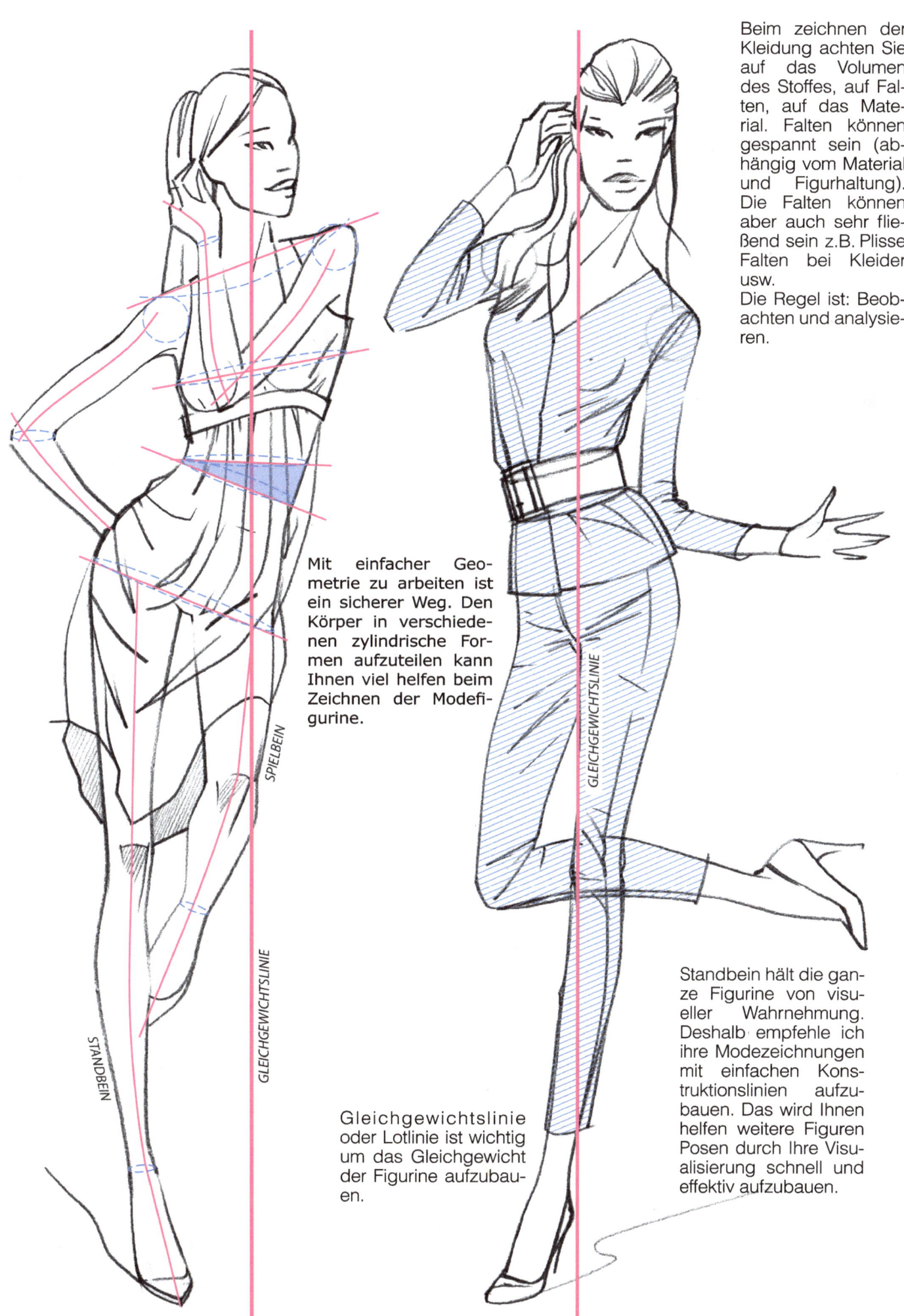

Beim zeichnen der Kleidung achten Sie auf das Volumen des Stoffes, auf Falten, auf das Material. Falten können gespannt sein (abhängig vom Material und Figurhaltung). Die Falten können aber auch sehr fließend sein z.B. Plisse Falten bei Kleider usw.
Die Regel ist: Beobachten und analysieren.

Mit einfacher Geometrie zu arbeiten ist ein sicherer Weg. Den Körper in verschiedenen zylindrische Formen aufzuteilen kann Ihnen viel helfen beim Zeichnen der Modefigurine.

Gleichgewichtslinie oder Lotlinie ist wichtig um das Gleichgewicht der Figurine aufzubauen.

Standbein hält die ganze Figurine von visueller Wahrnehmung. Deshalb empfehle ich ihre Modezeichnungen mit einfachen Konstruktionslinien aufzubauen. Das wird Ihnen helfen weitere Figuren Posen durch Ihre Visualisierung schnell und effektiv aufzubauen.

FIGURINEN

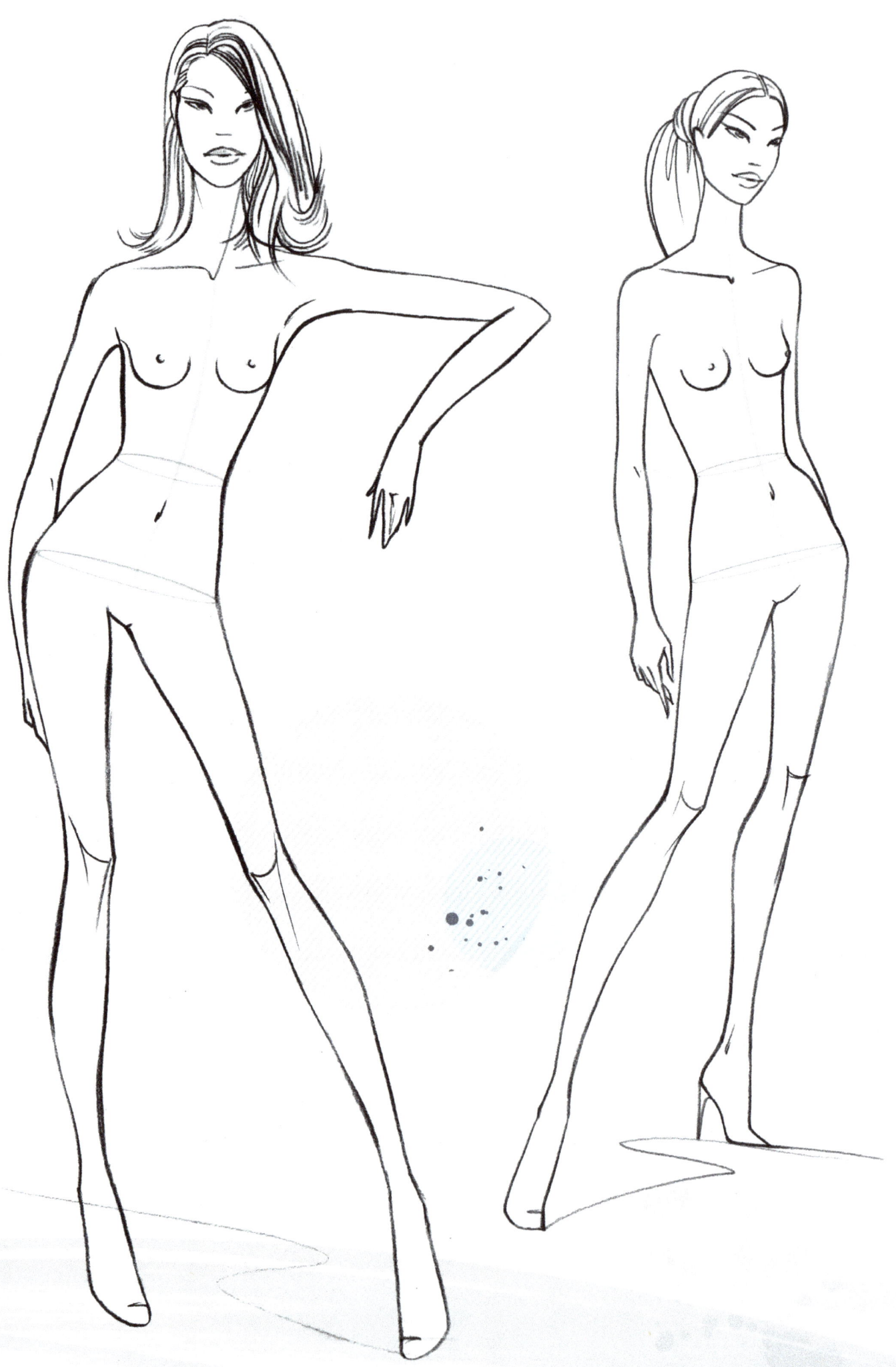

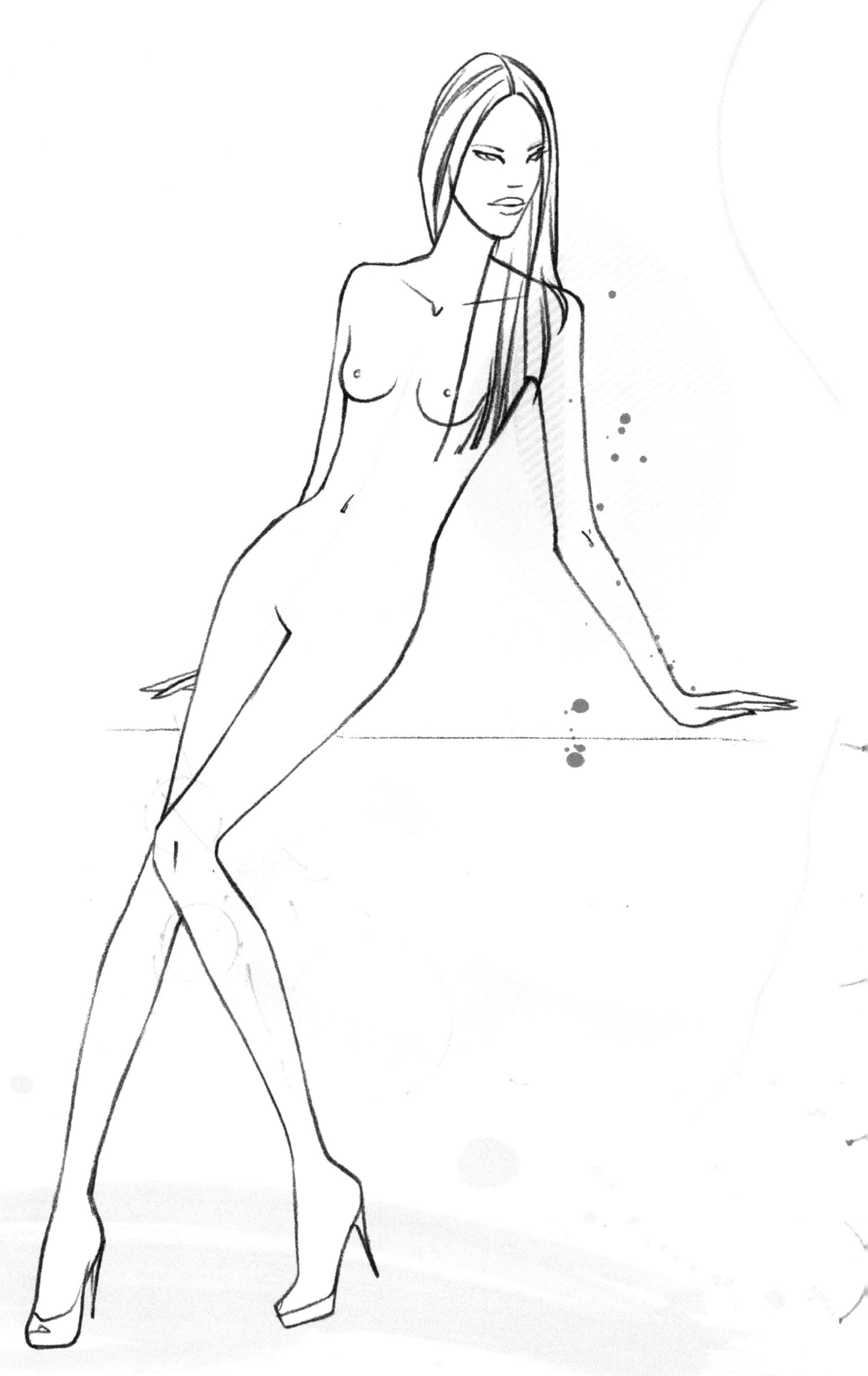

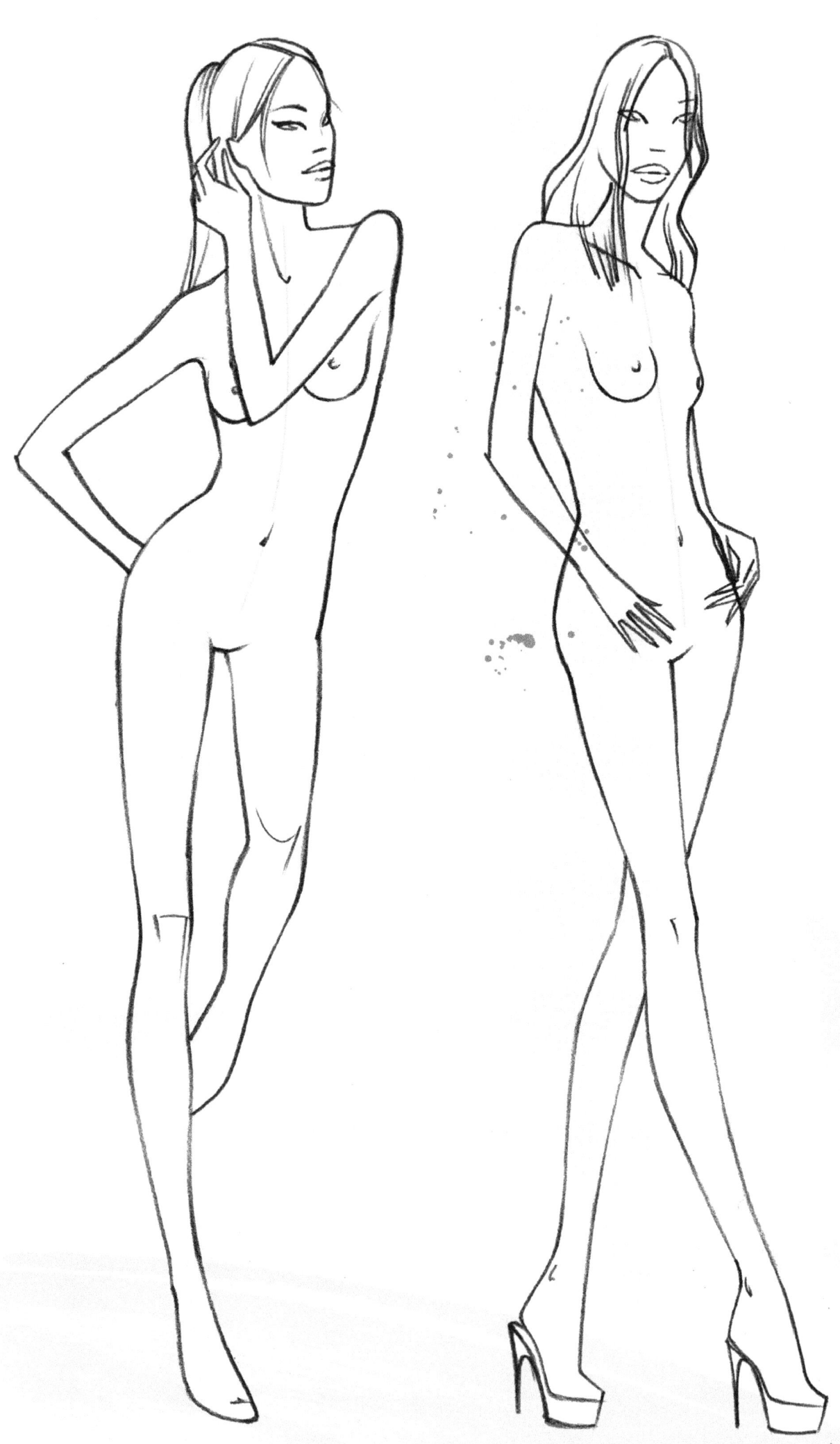

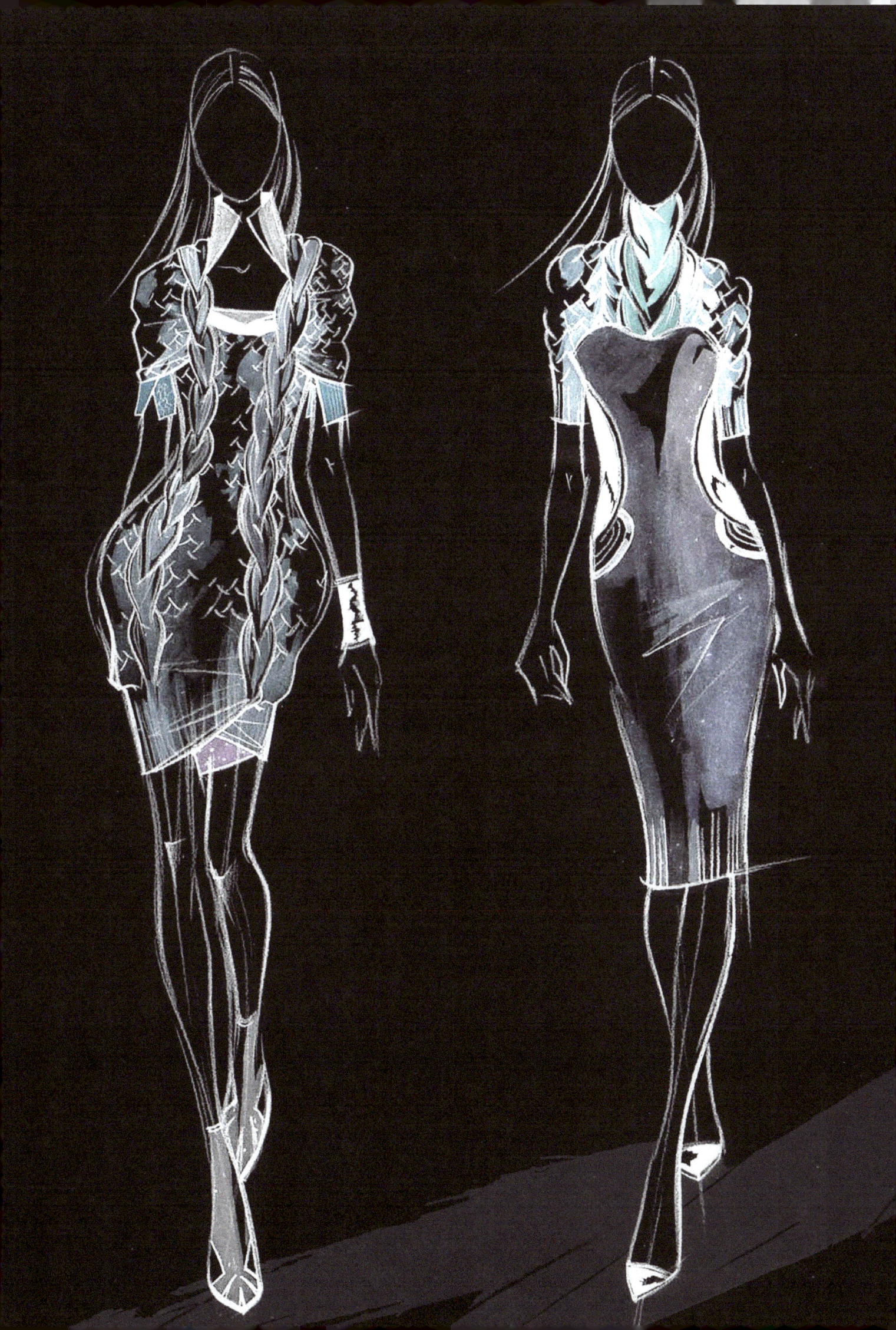

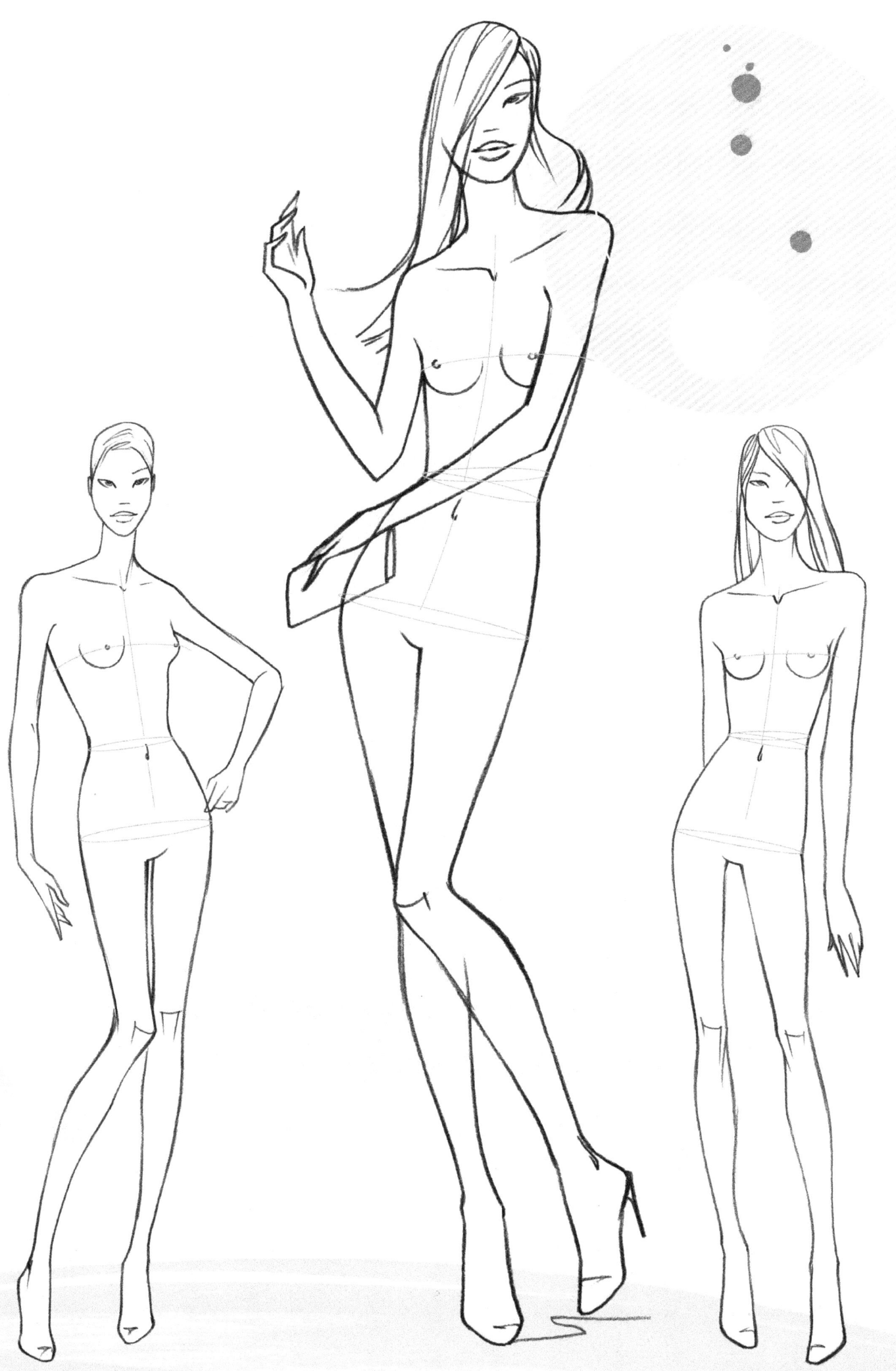

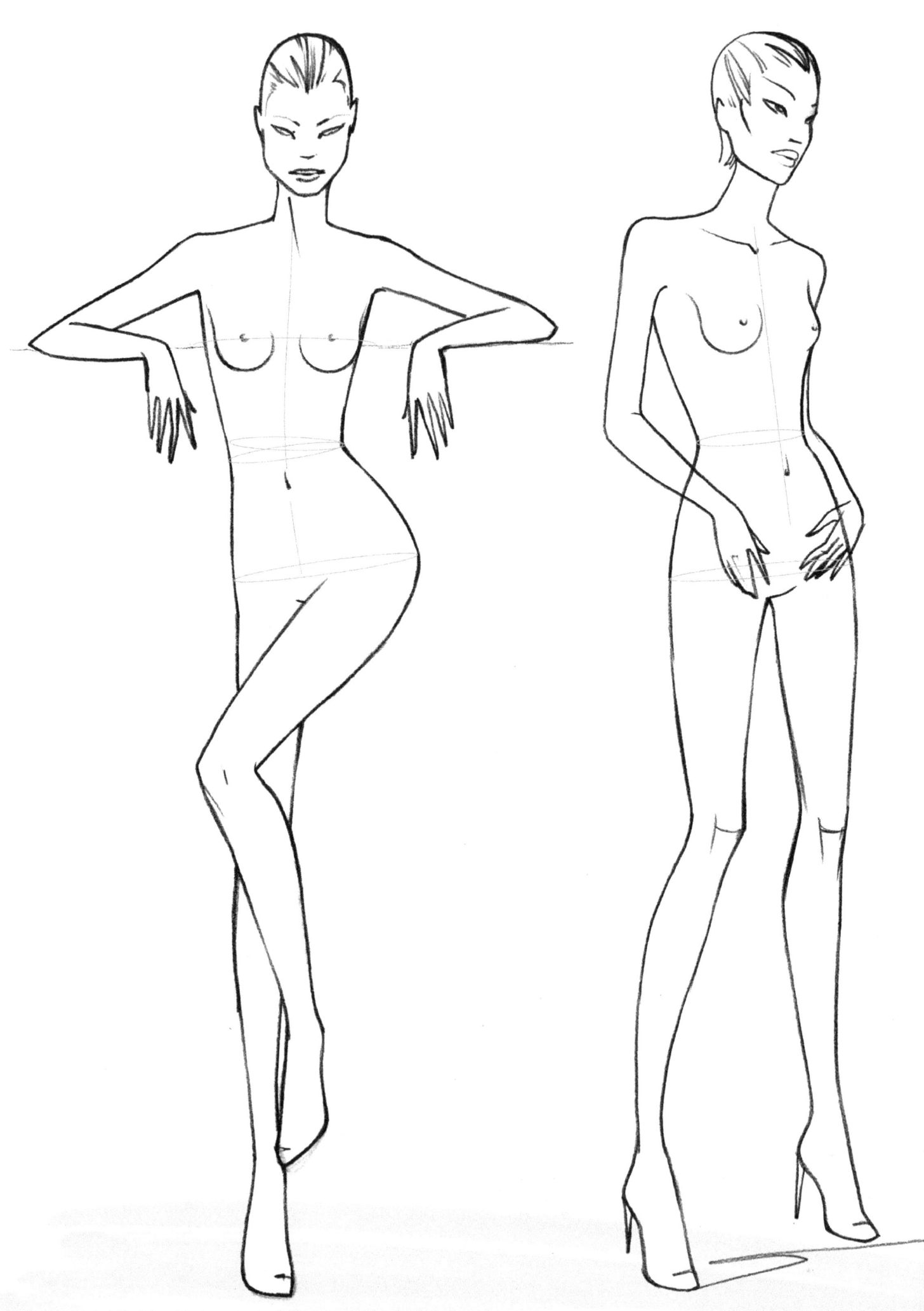

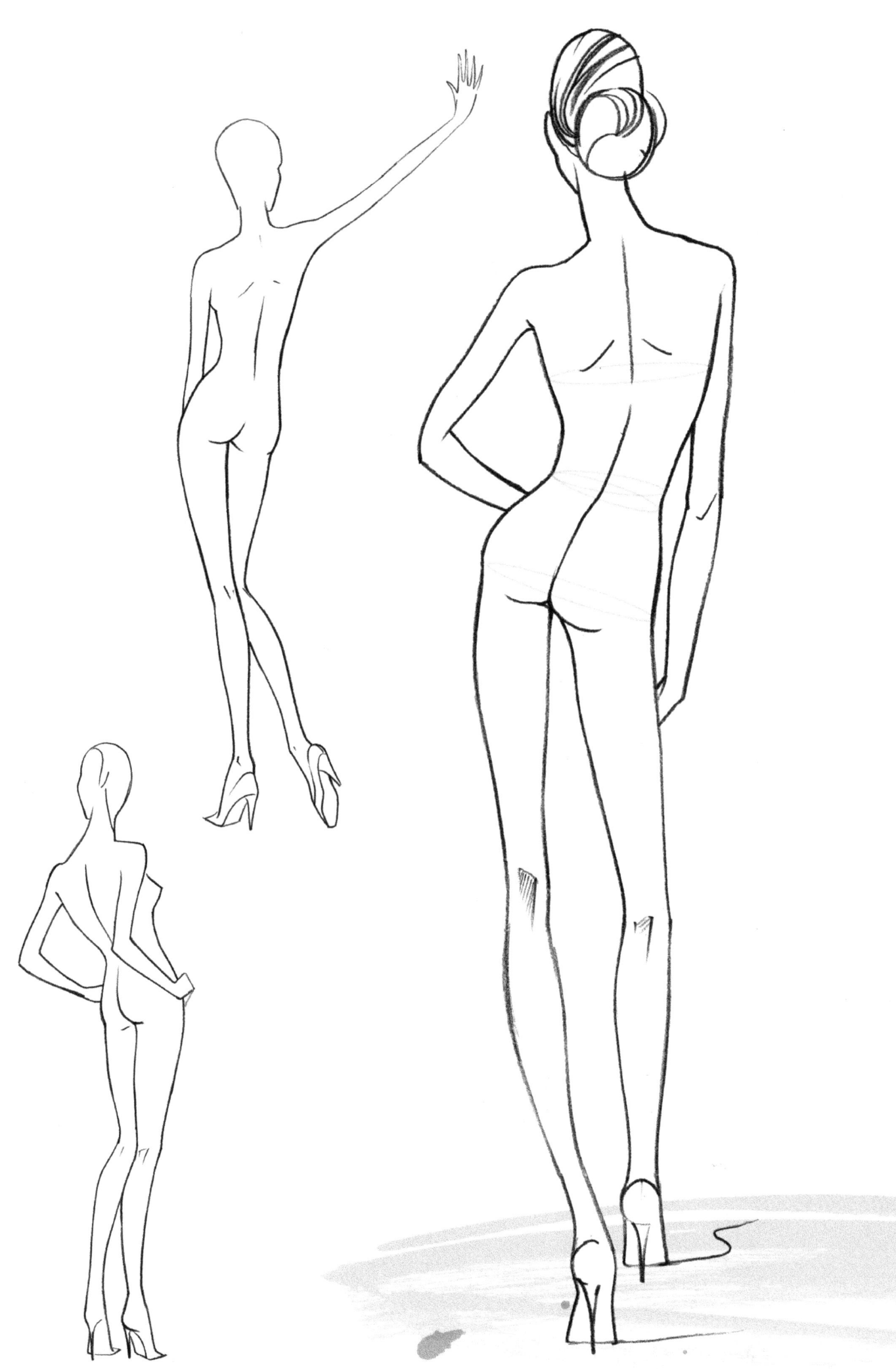

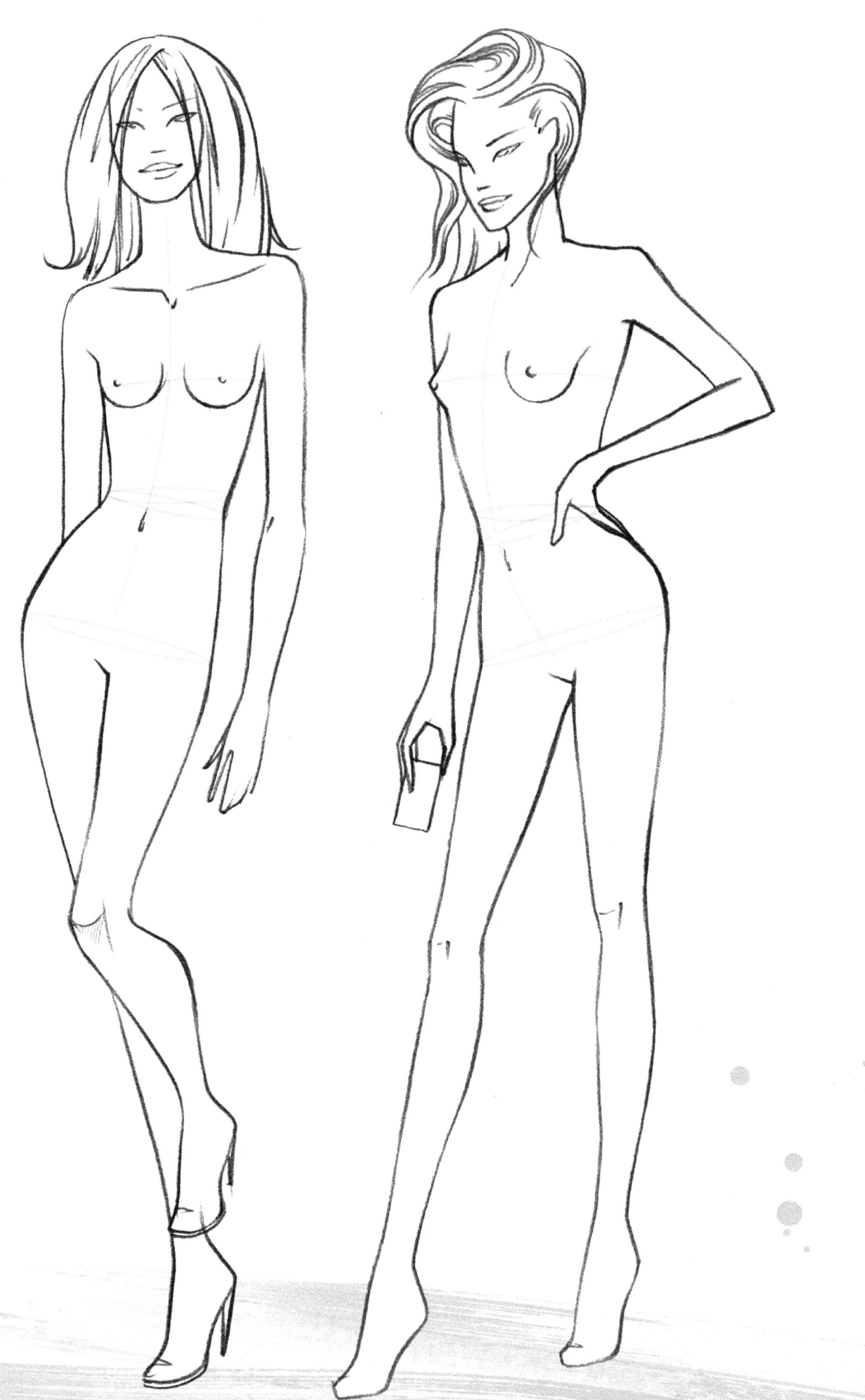

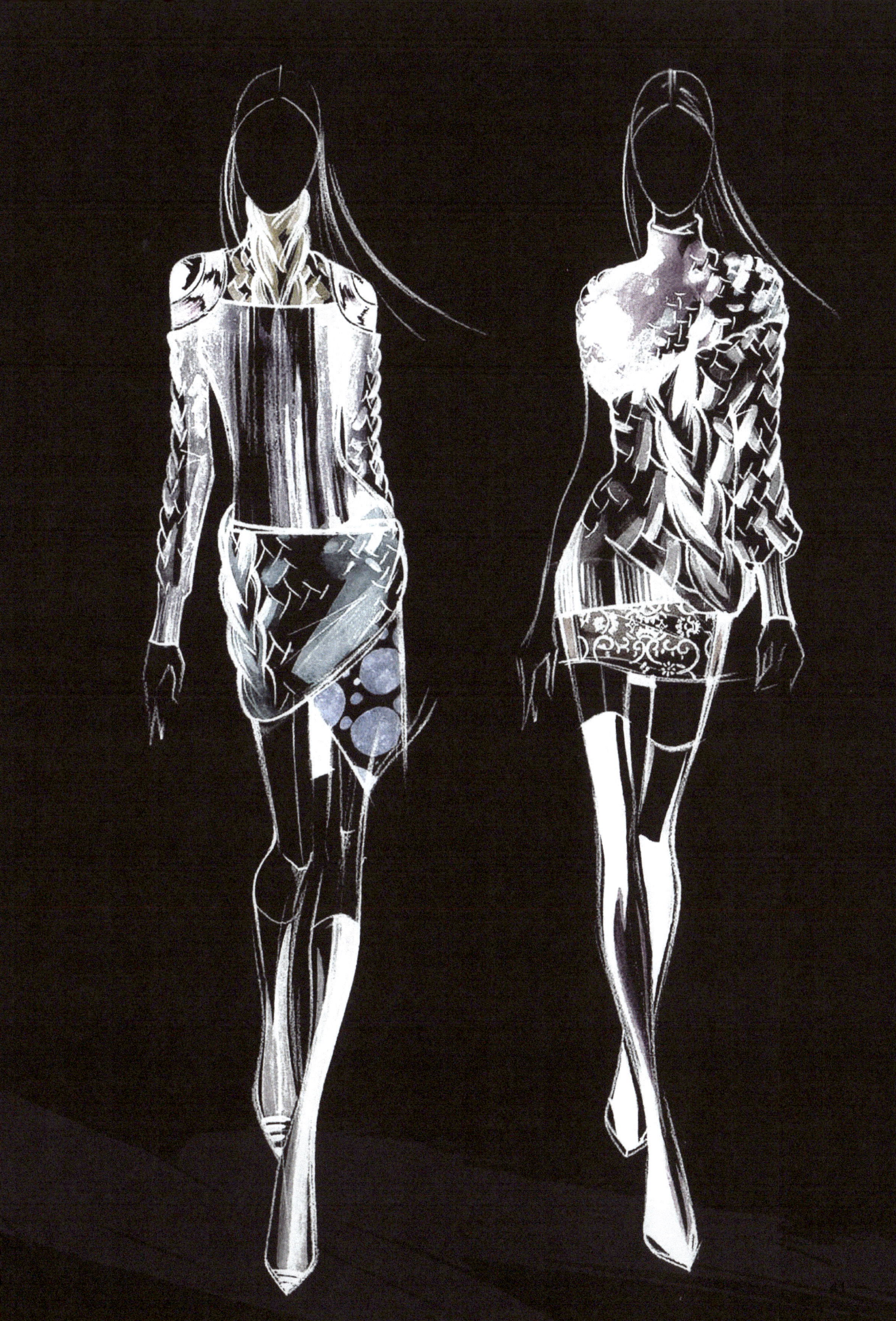

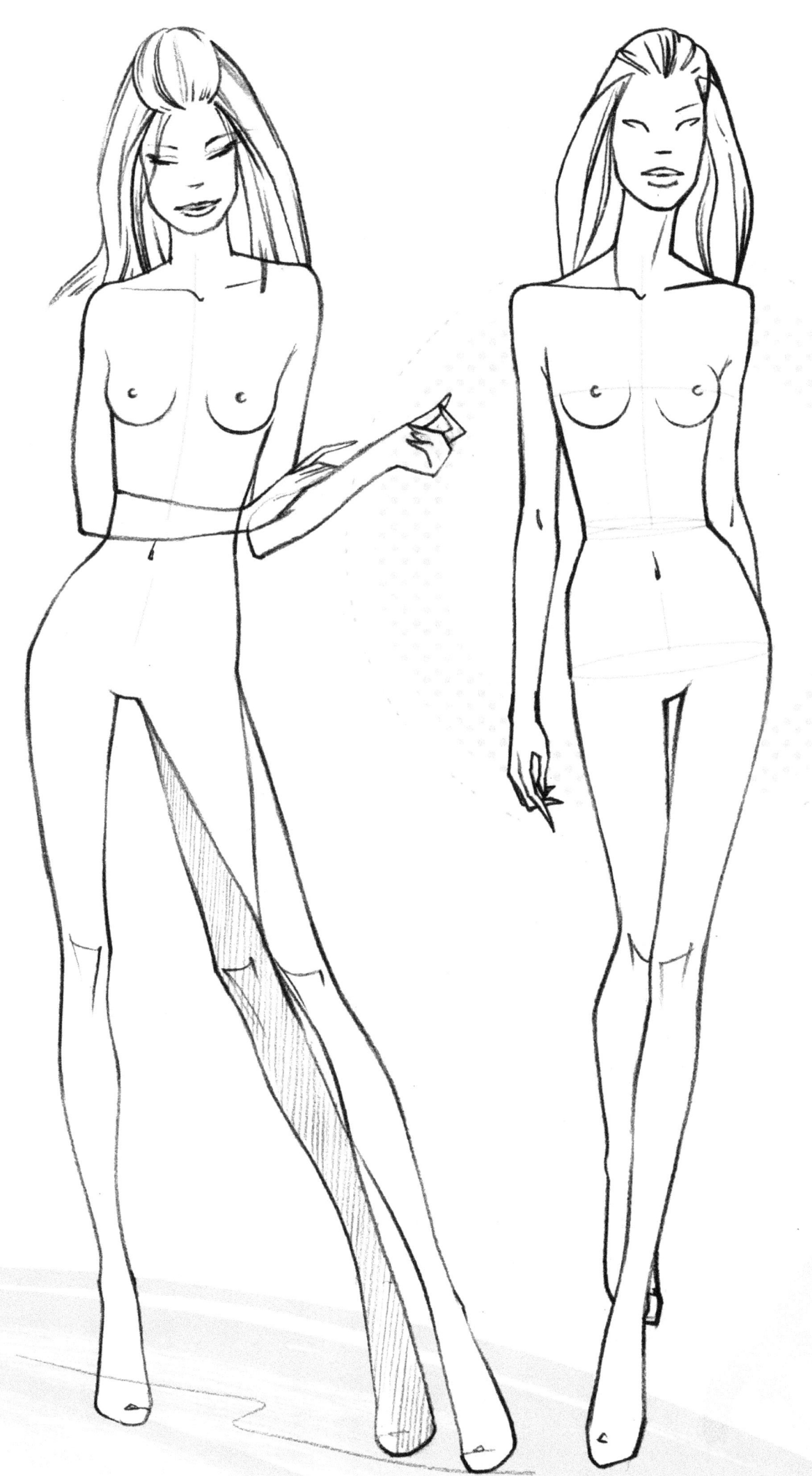

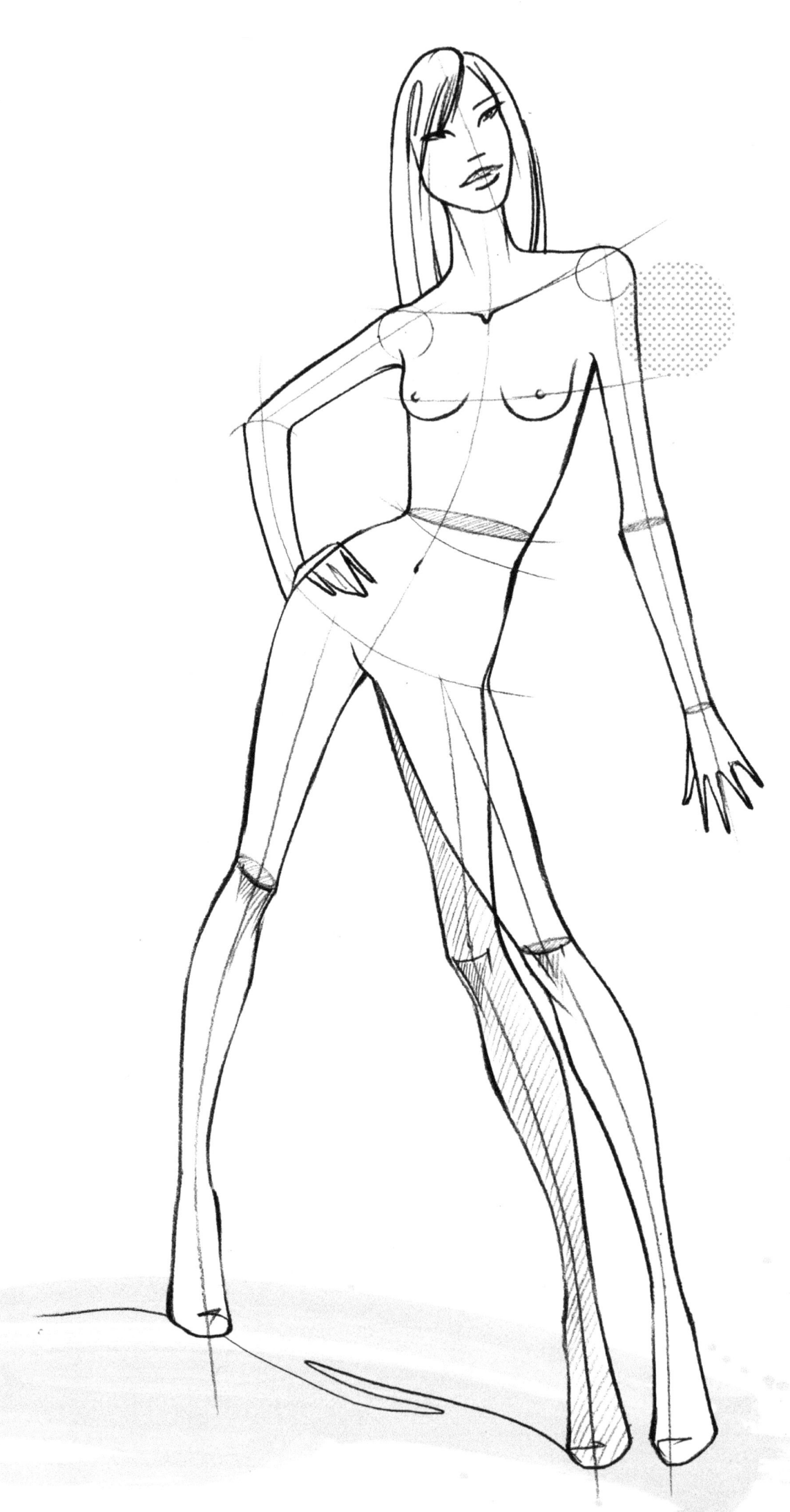

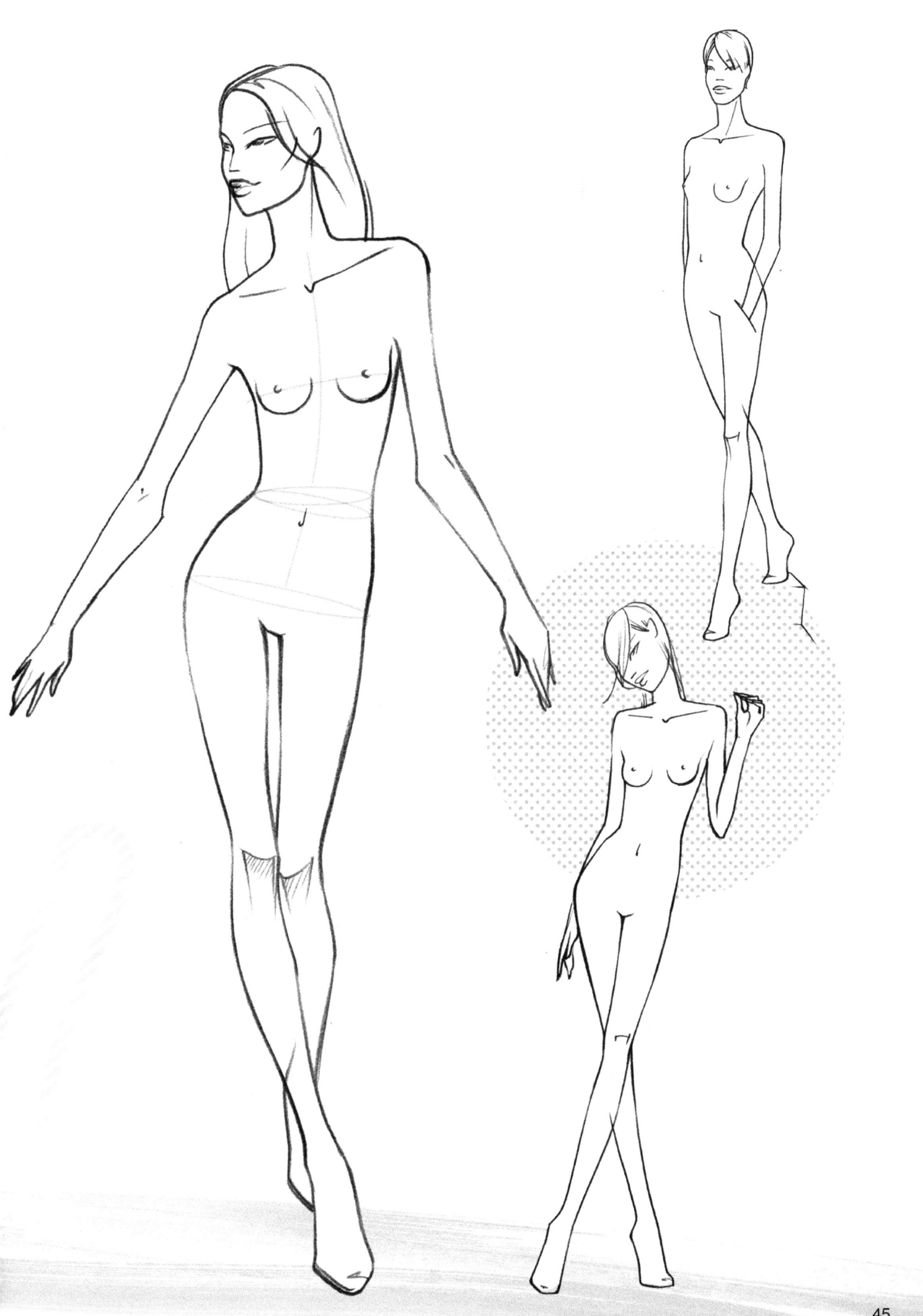

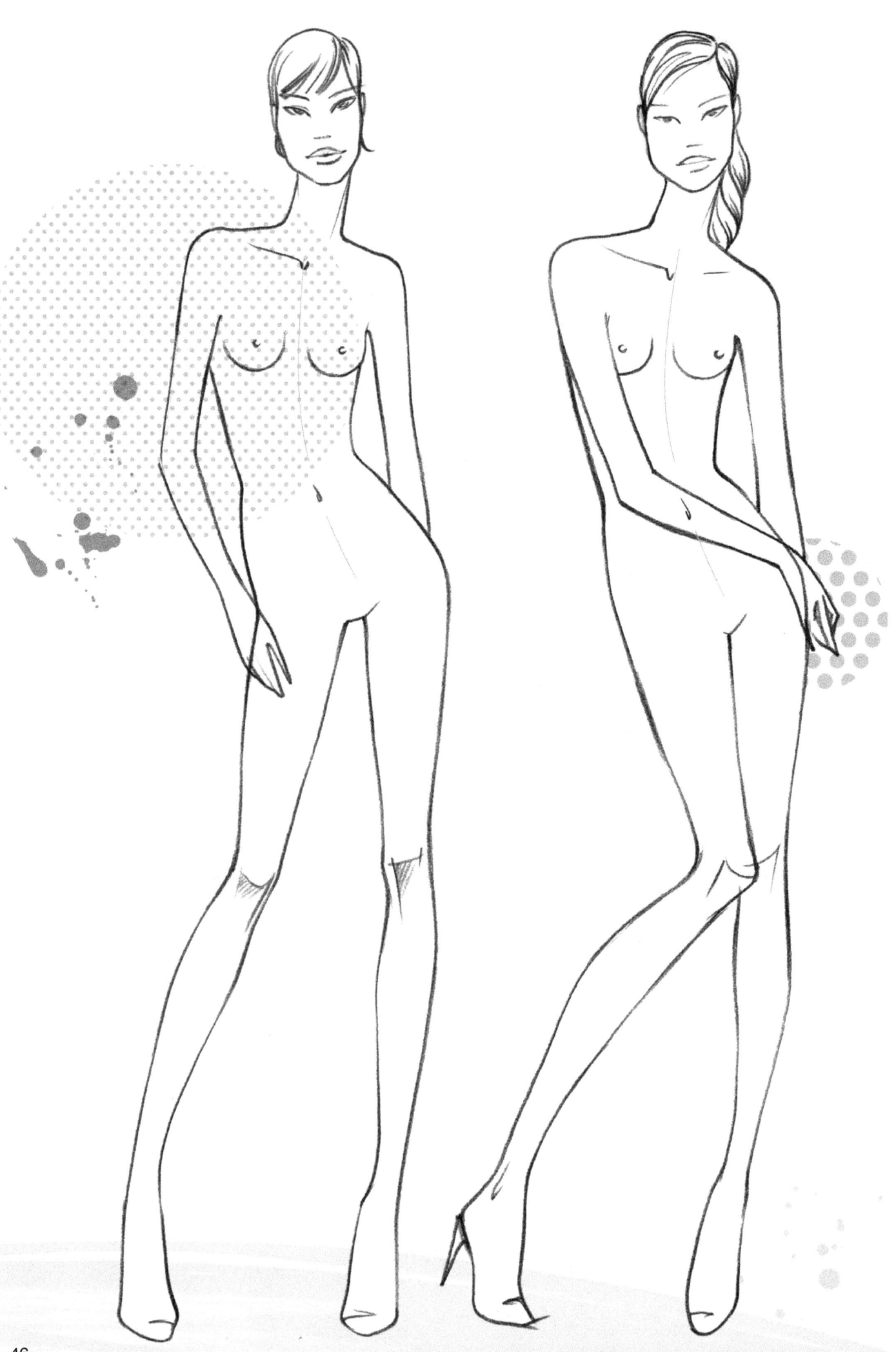

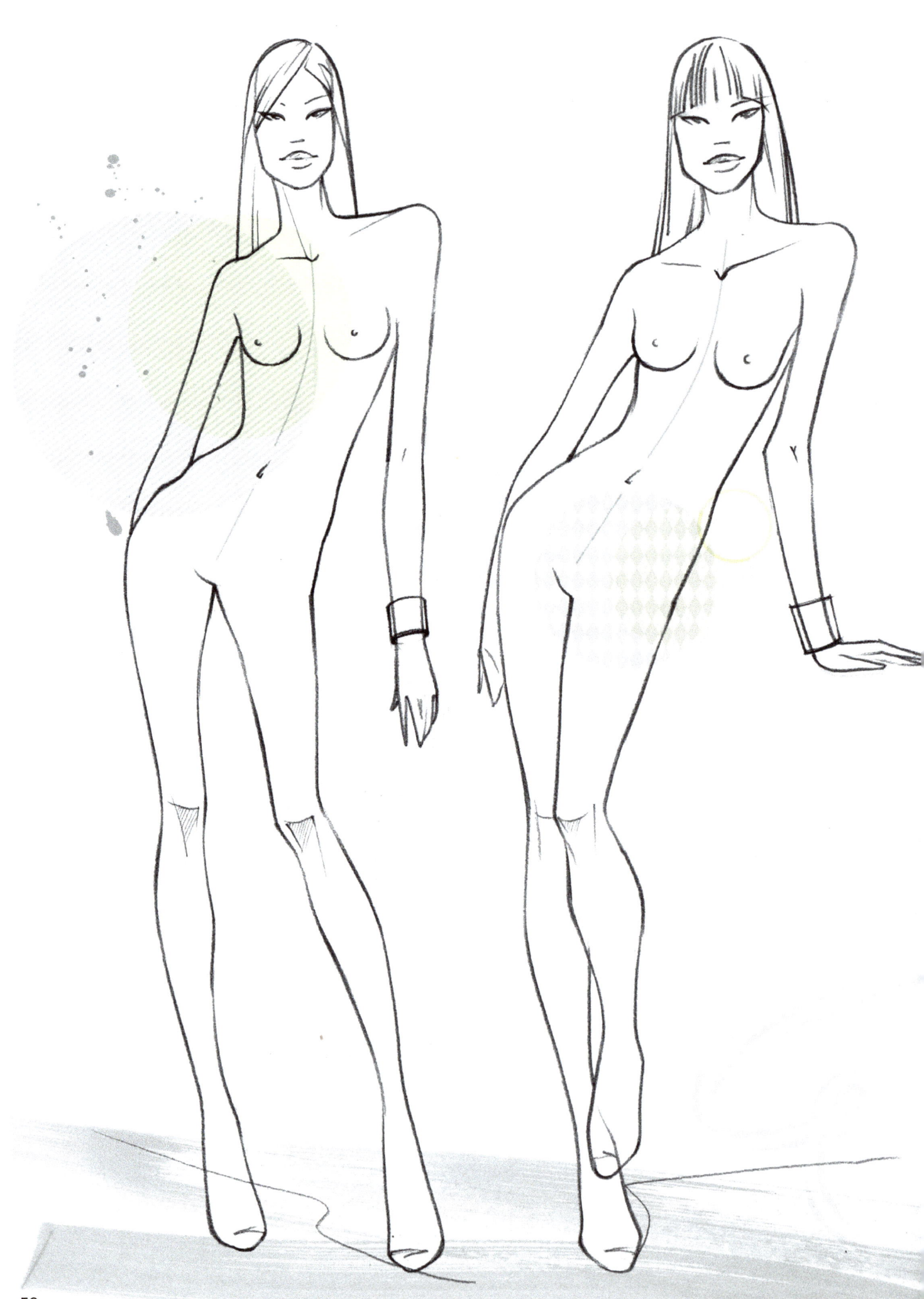

GESICHTER

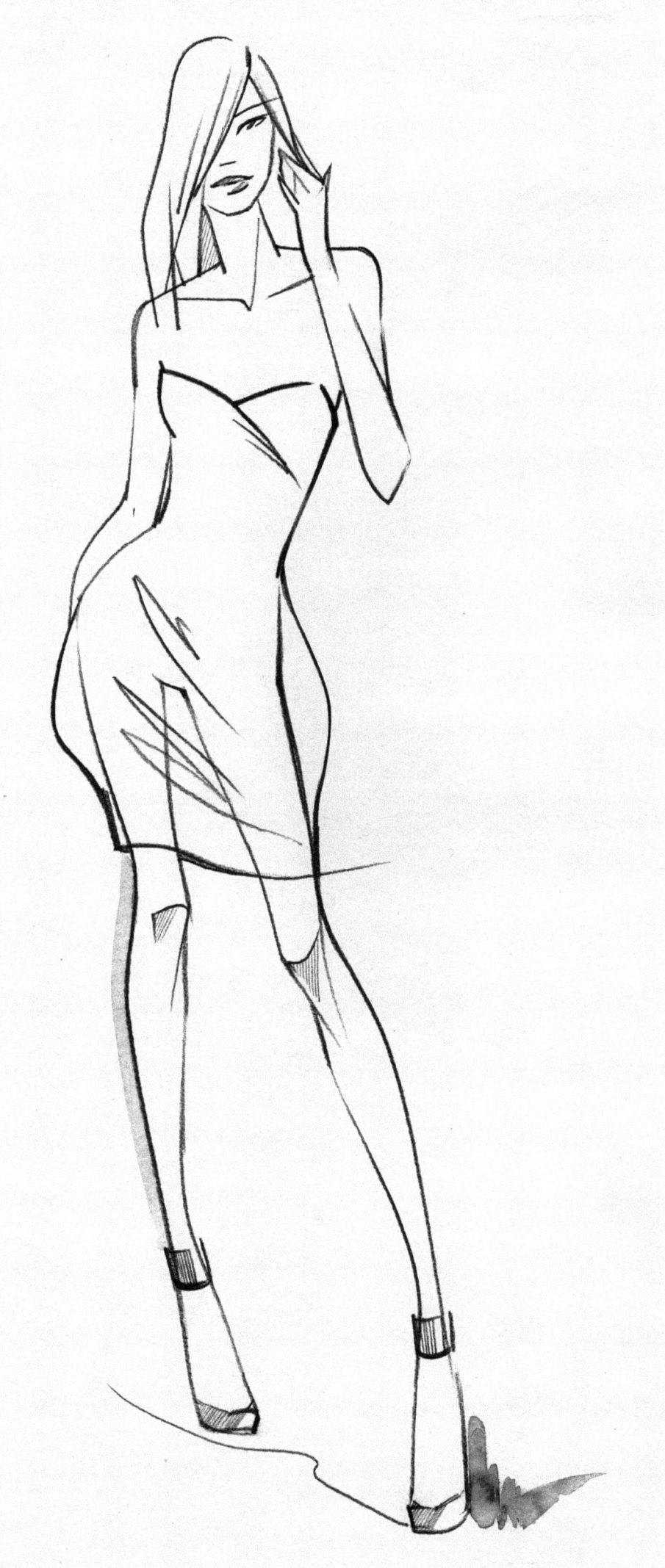

HÄNDE

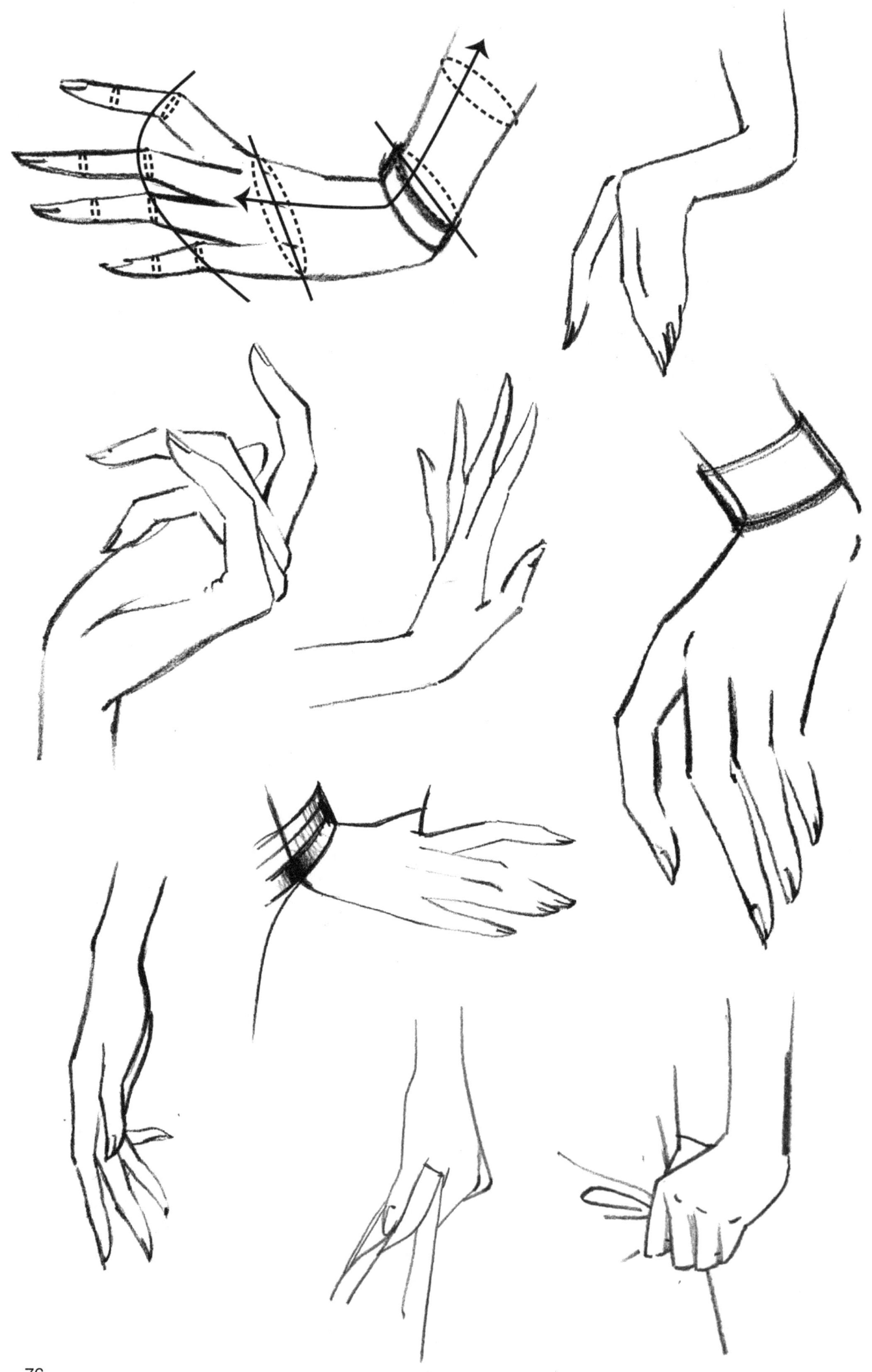

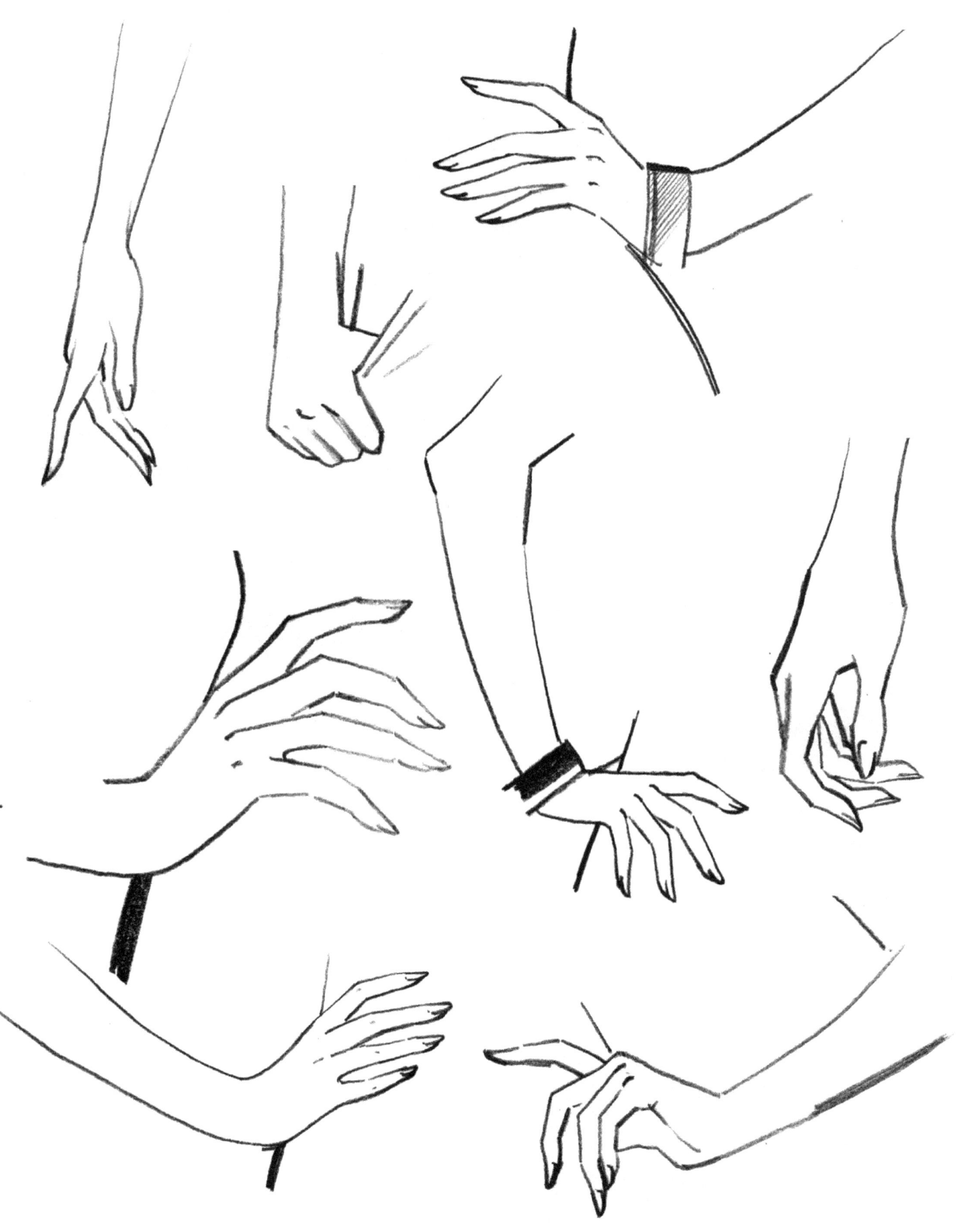

FÜSSE

www.ingramcontent.com/pod-product-compliance
Lightning Source LLC
Chambersburg PA
CBHW041657040426
R18086800001B/R180868PG42333CBX00006B/3